SYLT

Der Sylt-Fan

Ein Porträt zum Schmunzeln

von Frank Eller
und Jens Weidemann

Podszun

Der Inhalt

Der Sylt-Fan

Ein Vorwort

Sylt ist die unumstrittene Königin der Nordsee. Mondän und urtümlich zugleich bietet die zur Zeit noch 99 Quadratkilometer große Insel eine unvergleichliche landschaftliche und kulturelle Vielfalt. Man sagt, einem Menschen, der auf Sylt nicht das Fleckchen Erde entdeckt, auf dem er sein perfektes Urlaubsglück findet, dem sei wirklich nicht mehr zu helfen.

Auf Sylt zählt man die meisten Sonnentage in Deutschland. Während es in Hamburg nieselt, findet die Sonne über Sylt doch noch eine passende Lücke in der Wolkendecke, um die Insel mit ihren Strahlen zu verwöhnen. Das ist jedoch nur einer von vielen Aspekten, die Sylt eine stetig wachsende Fangemeinde bescheren.

Das soziale Spektrum der Inselbesucher ist groß, aber auf Sylt gilt Toleranz noch etwas, und somit ist das soziale Gefälle weit weniger spürbar als an anderen Urlaubsorten, die ein gewisses Nobelflair für sich in Anspruch nehmen wollen. Der Glanz der Insel färbt auf alle ein wenig ab. Sylt regt seit jeher die Phantasie an, und die Grenzen zwischen Sylter Realität und Mythos sind häufig unscharf. Doch sind die Reichen auf Sylt wirklich reicher als anderswo und die Nackten nackter?

Solche Superlative sind wohl eher Relikte aus den wilden Sylter Sechzigern und heute schon lange kein Maßstab mehr für die wahren Fans der Insel. Der Reiz von Sylt wirkt auf einer anderen Ebene und hat eigentlich nichts mit dem oberflächlichen Glamour zu tun, der sich für manche noch immer mit dem Image der Insel verbindet. Was ist es dann, das die Fans geradezu magisch nach Sylt zieht? Was für ein Menschentyp ist besonderes anfällig für den Charme dieser Insel? Manche sprechen gar von der Sylter Krankheit und für viele wird es zum Nabel der Welt. Nicht wenige der gut verdienenden Stammgäste könnten ihren knapp bemessenen Urlaub auch in irgendeinem Südseeparadies verbringen, aber sie leisten sich stattdessen vielleicht ein kostspieliges Eigenheim auf Sylt, in dem sie nur wenige Tage des Jahres leben können.

Sylts Fangemeinde nimmt rasant zu. So rasant, daß die alten Sylt-Fans nicht ohne Gefühle von Eifersucht die Horden der Sylt-Greenhorns beäugen, die „ihre“ Insel vor allem in den Sommermonaten übervölkern. Doch der wahre Sylt-Fan kennt seine Insel gut genug, um auch in dieser Zeit noch seine ruhigen Plätze zu finden. Der wirkliche Sylt-Fan genießt auch einen verregneten Novembertag auf Sylt mit leidenschaftlicher Hingabe. Was hat ihm die Insel an einem solchen Tag zu geben, außer nassen Füßen? Diesem und anderen Geheimnissen der Psyche des Sylt-Fans will dieses Buch nachspüren. Nebenbei gibt es einige Informationen über die Sylter Urbevölkerung und die Insel selbst. Und nun viel Vergnügen bei der Lektüre dieses Buches, das allen echten Sylt-Fans gewidmet ist!

Frank Eller

Jens Weidemann

Die Reize dieser Insel sind keusch und karg und lenken den Sinn auf Rum

Thomas Mann

Das Inselsyndrom

Verlangen nach Geborgenheit

Die Urform von Urlaub, Abschalten, Ausreißen und Flucht, von Erholung und Abenteuer besteht in der Reise auf eine Insel. Odysseus war einer der ersten, Robinson Crusoe hat diese Tradition kultiviert und viele andere haben es seither mehr oder weniger freiwillig nachgeahmt. Die Grundsituation ist immer identisch: Das Schicksal, der eigene Wille oder ein verständnisvoller Reisebüroangestellter sorgen dafür, daß es einen auf eine Insel verschlägt. Einem Ortswechsel stellen sich naturgemäß Hindernisse, wie nicht ohne weiteres zu überwindende Wassermassen oder endlose Wartezeiten bei der Autoverladung in den Weg. Somit ist die Phase der Eingewöhnung und Anpassung in der Regel sehr kurz, weil Fluchtgedanken gar nicht erst aufzukommen wagen. So einfach wirkt der Inseleffekt. Durch die Begrenzung der Situation wird jeder Zweifel vermieden, die Suche nach vermeintlich Besserem überflüssig.

Doch das ist noch nicht alles: Tiefenpsychologen würden glatt behaupten, das Ankommen auf einer Insel sei ein Erlebnis, das der Wiedereinkehr in den Mutterleib gleiche. Natürlich ist das ein wenig übertrieben, aber wer kennt nicht das besondere Gefühl bei der Ankunft auf einer Insel? Man fühlt sich sofort wie zu Hause, hat keine besonderen Probleme mit der Orientierung und wähnt sich unwillkürlich in familiärer Umgebung. Es kommt einem vor, als würde man automatisch Mitglied einer geschlossenen Gemeinschaft. So, als betrete man einen anderen Stern, auf dem es den Begriff „fremd“ nicht gibt. Was hinter uns liegt, ist vergessen. Nirgendwo ist die Erfahrung des Weltenwechsels ohne Fremdeln so einfach wie beim Besuch einer

Insel. Genauso sicher kommt beim Abschied von der Insel jenes wehleidige Gefühl auf, wie man es von allen schmerzhaften Trennungen her kennt und fürchtet. Tiefenpsychologen würden das wiederum mit dem Geburtsvorgang vergleichen, bei dem der Mensch aus perfekter Geborgenheit in eine feindselige und gefährliche Umgebung gestoßen wird. Insgesamt also kann ein Inselaufenthalt mit der Rückkehr zu unseren natürlichen Anfängen verglichen werden, eine Wiederentdeckung unserer Urerfahrungen, die wir im gegenwärtigen Strudel verwirrender Zeitphänomene dringender denn je benötigen.

Kein Wunder, daß sich der Urlaub auf der Insel einer stetig wachsenden Beliebtheit erfreut. Allein die Tatsache, einen umgrenzten, isolierten Raum zu betreten, löst in uns automatisch Gefühle von Behütetsein und Ruhe aus. Sylt-Fans sind diesen Gefühlen gegenüber besonders empfänglich. Ihre unbewußte Suche und ihr Verlangen nach Geborgenheit läßt sie immer wieder Zuflucht auf dem Eiland nehmen.

Warum gerade Sylt?

Das Nonplusultra

Es gibt viele schöne Inseln, warum gerade Sylt? Es sind gewiß keine Sonderangebote, die den Sylt-Fan anlocken. Das besondere Flair der Insel, die einzigartige Mischung aus Wind, Sonne und Meer, lösen ein unvergleichliches Gefühl der Ruhe und Geborgenheit aus. Es ist die Einmaligkeit jedes Details.

Die euphorisierende Gischt der tobenden Brandung, die elegante Flugkunst der Möwen, der kindheitliche Matschphantasien wiedererweckende Urschlamm des Watts, die Friesentorte mit dem Pharisäer, die aphrodisierenden frischen Austern und Tausende anderer Kleinigkeiten, sie alle tragen gemeinsam zu diesem einmaligen Syltgefühl bei. Und dieses Gefühl wirkt ohne jede Künstlichkeit oder Aufdringlichkeit auf den Besucher. Hierin unterscheidet sich Sylt stilvoll von fast allen anderen Inseln, und da Sylt-Fans gesteigerten Wert auf natürliche Ästhetik legen, spricht sie das Flair der Insel besonders stark an. Nirgendwo in Deutschland braust das Meer mächtiger und schöner als auf Sylt, nirgendwo ist die Landschaft auf so engem Raum vielfältiger, und nirgendwo anders gibt es das spezielle Syltklima, das völlig unabhängig von den Jahreszeiten so intensiv auf Körper und Seele wirkt.

Sylt-Fans sind häufig sogenannte „Nasenmenschen“, die ihre wichtigen Lebensentscheidungen nicht nach den Regeln der Vernunft ausrichten, sondern eben „nach der Nase“, also dem Instinkt, für den es keine rationalen Regeln zu geben scheint. Nicht, daß Sylt-Fans unvernünftig wären – im Gegenteil. Sie verfügen über einen Instinkt, der über das normale Empfinden der rein Vernünftigen

weit hinausgeht, und der in ihren wirklich wichtigen Entscheidungen eine wesentliche Rolle spielt. Das zeigt sich in ihrem ausgeprägten Geruchssinn, dem natürlichen Sinneszentrum der Intuition. Sylt ist das reine Paradies für solche Olfaktoren, denn die Gerüche der Insel vermitteln ein einmaliges Wechselbad, das Nasenmenschen wieder zu ihrer ursprünglichen Sensibilität zurückfinden läßt. Schließlich legen Sylt-Fans sehr viel Wert auf die besondere Bräune, die die Salzluft von Sylt auf der Haut hinterläßt, und für die Sylt in Bräunungsfachkreisen bekannt ist. Die Syltbräune gilt als die edelste Bräune der Welt. Syltbräune ist einfach das Nonplusultra der natürlichen Bräune. Und da Sylt-Fans Ästheten sind, würden sie sich niemals mit einem ordinären Teneriffa- oder gar Mallorcabraun auf die Straße wagen.

Die Sylt-Mystik

Heimliche Signale

Jeder Sylt-Fan hat einen mehr oder weniger bewußten Hang zur Mystik und zum Okkultismus. Die natürlichen Bedingungen der Insel, das Auf und Ab des Meeresspiegels, die unberechenbaren Spielereien des Windes, die ungewöhnlichen Landschaftskulissen, die ständige Präsens von Vögeln und die obskur wechselhaften Lichtverhältnisse verzaubern jeden Syltbesucher. Niemand kann sich der Faszination und Ausstrahlungskraft der Insel entziehen, darin liegt das Geheimnis ihres Erfolges.

Offenbar unterscheiden sich echte Sylt-Fans jedoch von den Wald-und-Wiesen Besuchern, die wie Lemminge jahrein jahraus über die Insel pilgern, dadurch, daß sie in besonderer Weise vom mystischen Spiel der Naturkräfte angesprochen werden. Zwar spricht jeder, der Sylt kennengelernt hat, vom besonderen Zauber dieser Insel, wenige aber sind sensibel genug, diesen Zauber wirklich zu erfahren. Die meisten wissen gar nicht, worüber sie dabei sprechen. Sie denken bei „zauberhaft" an die Preise, den charmant geprotzten Luxus oder die feschen Nudisten. Das wahre mystische Flair ist ihnen hingegen komplett entgangen. Der echte Sylt-Fan unterscheidet sich gerade in dieser Hinsicht vom schlichten Syltbesucher: Er verfügt über die entsprechenden Antennen und die Sensibilität, die heimlichen Signale der Insel zu empfangen.

Wenn der Vollmond über der See steht, der allgegenwärtige Wind um die Ohren fegt, wenn verirrte Nachtmöwen aus dem schwarzen Himmel rufen und der Strandhafer sich fast gespenstisch um die Waden klammert, dann knistert es dem Sylt-Fan im Hinterkopf und er geht auf vollen Empfang. Dann sieht man ihn wie Buddha auf Bänken und Barhockern sitzen und dem großen mystischen Orchester lauschen. Seine Empfindungen sind einmalig und bleiben sein Geheimnis. Aber er hat sie, die große Erfahrung des Sylter-Vollmond-Nirwanas.

So ist es, entweder man hat es, oder man hat es nicht. Viele, die es nicht haben, versuchen den eigenen Horizont mit Gewalt zu erweitern und verwenden dazu allerlei Drogen. Insider mutmaßen, daß in der Sommersaison auf Sylt mehr Drogen konsumiert werden als in Frankfurt in einem Jahr, wobei von Alkohol keine Rede ist. Es geht um die puren Erlebnisverstärker, von E-Pillen bis Pumpen-Hipp. Der Grund für den exzessiven Gebrauch dieser Alltagspusher liegt in der Unfähigkeit der User zum spontanen Einschwingen in das Sylter Universum. Jeder möchte es haben, das Sylt-Feeling, aber nur wenigen ist es vergönnt: den echten Sylt-Fans.

Vorbereitung auf die Insel

Der Blindtag

Sylt ist kein Reiseziel wie jedes andere. Entsprechend aufwendig gestaltet sich die Urlaubsvorbereitung der Sylt-Fans. Schließlich sind Sylt-Fans keine Mallorca- oder Kreta-Fahrer, die am Tag der Abreise einfach Sonnenmilch und Badeklamotten in die Reisetasche werfen und zum Flughafen hetzen. Die Ausrüstung und Vorbereitung eines Sylt-Fans ist sehr viel differenzierter.

Ein Sylt-Fan wählt beispielsweise nicht irgendein gängiges Sonnenschutzmittel. Er versucht immer ein Mittel zu bekommen, das vielleicht noch gar nicht auf dem Markt ist. Es soll schon Fälle gegeben haben, wo sich Sylt-Fans freiwillig zu dermatologischen Versuchen hergegeben haben, nur um an die neusten Cremes zu kommen. Manch einer füllt sich eigene Fläschchen mit selbstgemixten Tinkturen aus der Hobbythek ab, entwirft dafür phantasievolle Etiketten, nur um sich von den Massenprodukten abzuheben. So haben Sylt-Fans Zwei- und sogar Dreikomponenten-Cremes entwickelt, um sich am Strand einer eingehenden Balsamprozedur hingeben zu können.

Viele Sylt-Fans tragen ihre Sonnenbrille, als wären sie damit auf die Welt gekommen. Aber der Umgang und der richtige Gebrauch der Sonnenbrille sollten vorher geübt werden. Sylt-Fans verwenden nur Verdunklungsstärken, die eine sichere Abschirmung von und nach außen gewährleisten. Um damit nicht dumm aufzufallen, ist vorheriges Training dringend anzuraten.

Das gelegentlich zu beobachtende Phänomen, daß Syltbesucher zu nächtlicher Stunde scheinbar orientierungslos umhertappen oder sich in Restaurants

JILSANDER

wie selbstverständlich am falschen Tisch niederlassen und wildfremde Leute begrabbeln, ist meistens auf den ungeübten Gebrauch der Sonnenbrille zurückzuführen.

Echte Sylt-Fans beginnen zwei Wochen vor ihrem Urlaub mit dem Sonnenbrillen-Aufbautraining, indem sie sich mit ansteigenden Verdunklungsgraden ihrer Gläser immer schwierigeren Anforderungen stellen. Das Training gipfelt im sogenannten „Blindtag". Dazu verdunkelt der Sylt-Fan die Wohnung vollkommen - einschließlich Schlüsselloch und Weckerleuchtziffern. Er trägt seine Sylt-Sonnenbrille und versucht, sich so natürlich wie möglich zu bewegen und dabei möglichst wenig Bruch zu erzeugen.

Die Details müssen stimmen!

Dafür wird ein enormer Vorbereitungsaufwand betrieben. Der beflissene Hang zum Detail liegt förmlich auf der Haut: Am Strand wird in der Regel nicht viel getragen, um so mehr aber wird sich gegenseitig zugeschaut. Die wenigen Accessoires müssen dann 100%ig stimmen. Ein intensiver Strandtag auf Sylt ist wie ein Laufsteg, bei dem sich wahre Klasse nur unter äußerster Konzentration auf die Wahrnehmung kleinster Ausstellungsstücke zeigt. Sylt-Fans akzeptieren deshalb nicht einfach irgendeine Badekleidung vom Grabbeltisch. Sofern er denn welche trägt, läßt sich ein richtiger Sylt-Fan seine Badehose am liebsten maßschneidern.

Natürlich legt der stets modebewußte Sylt-Fan Wert darauf, daß an bestimmten Stellen unauffällig formende Polster eingearbeitet werden, jedoch so dezent, daß auch dann niemand den kleinen Betrug bemerkt, wenn die Push-up-Hose mit dem unauffällig formenden Körbchen am textilfreien Badestrand fällt. Selbstverständlich werden auch die Bikinis und Badeanzüge entsprechend aufgerüstet. Dabei spielt sich alles im Detail ab, selten sieht man augenschmerzende Prestigeaufnäher, Statusanzeiger oder gar kindisch-kitschige Applikationen.

Der Sylt-Fan als Kenner

Jeder Sylt-Fan erkennt die Herkunft edler Badetücher allein an deren Griffigkeit und hat in der Regel keine Probleme, ein T-Shirt von Versace auf 100 Meter Entfernung zu identifizieren. Er entlarvt jede Hongkong-Rolex am schrägen Klang ihres Tickens. Dem Aufspüren und Entdecken dezenter Edeldetails gilt sein besonderes Interesse. Er kann Stunden in einem Straßencafé oder an der Strandpromenade verbringen und die Vorübergehenden anhand von dargebotenen Kleinigkeiten identifizieren und kategorisieren. Da er sich natürlich selbst an diesem Spiel beteiligt, kann bei dieser Selbstdarstellungsshow jeder auf seine Kosten kommen. Das Ambiente der Insel bietet dafür den optimalen Hintergrund.

Der Einsatz von Prestige

Angesichts dieses Freizeitvergnügens ist es allzu verständlich, wenn dem Sylt-Fan nichts verpönter ist als dick und plump aufgetragener Pomp. Dies beleidigt sein hochdifferenziertes Urteilsvermögen und verdirbt ihm den Spaß am Beobachten und Spekulieren. Wer seine Persönlichkeit gern durch krasse Masse oder grelle Menge zur Geltung bringt, sollte sich nach Mallorca, Ibiza oder Teneriffa begeben. Ein Sylt-Fan gibt nicht einfach alles preis, nur um zu beeindrucken. Mit so einer Masche ist man auf Sylt sofort aus dem Rennen. Diese Strategie macht den Sylt-Fan andererseits aber anfällig für arrogante Selbstüberschätzung.

Typische Syltbesucher

Ein Panoptikum

Der Ruhrpottsylter

Wenn sich die Insel über Nacht mit einem Schwall Urlauber auffüllt, die wie die Heuschrecken auf die Insel einfallen, dann hat der Ruhrpott Ferien. Man erkennt die Neuankömmlinge aus dem Revier an den scharfgeschnittenen Hauttonkonturen, mit denen die Grenzen zwischen Sonnen- und Schattenseite ihrer Doppelripp-Schießer-Unterhemden markiert werden. Der Ruhrpottsylter geht nie ohne Schaufel und Kofferradio an den Strand. Gern trägt er dort den sportlichen Cord-Hut, den er ansonsten zu Hause im Bastelkeller aufhat.

Alles Eincremen nützt nichts, spätestens nach drei Sonnentagen trägt er exakt dort, wo sein Unterhemd ein weißes Fell hinterließ, einen hummerfarbenen Sonnenbrand. Aus der Ferne sieht es aus, als trage er ein modisch-rotes Muskelshirt. Als Unterkunft genügt ihm notfalls ein schlichtes Kellerverlies mit Wasserhahn und Luftschacht. Er liebt dreistöckige Betten, wobei in der Reihenfolge „unten Vater, Mitte Mutter, oben Kind" geschlafen wird.

Am Strand ist er an seinem zeitraubenden Nestbauverhalten zu erkennen. Er braucht in der Regel Stunden, um sich sein Strandplätzchen herzurichten. Er baut zwar nicht mehr jene ausufernden Sandburgen, die sich über den halben Horizont hinzogen und ihn mit entsprechender Muschelverzierung als Fan seines Kohlenpottfußballvereins ausweisen, aber er beschäftigt sich um so intensiver mit allem, was er am Strand findet und sammelt es an seinem Nistplatz an.

Meistens hat er bis zum Abend eine regelrechte Ausstellung von allem möglichen Treibgut um sein Badelaken aufgestellt, die von den übrigen Gästen bewundert werden soll. Nach getaner Arbeit entspannt er sich gern bei Fernsehen und einer Kiste Bier. Der Ruhrpottsylter ist leicht an seinem ungekünstelten und formlosen Verhalten zu erkennen.

Der schaffensgehemmte Schriftsteller

Sylt war schon immer der bevorzugte Zufluchtsort für schaffensgehemmte Schriftsteller. Selbst erfolgreiche Kollegen fanden sich ein, von Thomas Mann bis Max Frisch, um nach erfolgreichem Schaffen einmal richtig auszuspannen und geistig abzuhängen.

Thomas Mann z.B. beschrieb zu seiner Stimmung folgendermaßen: „Nicht Glück oder Unglück - der Tiefgang des Lebens ist es, worauf es ankommt. An diesem erschütternden Meere habe ich tief gelebt...“. In einem Brief an seinen Bruder Heinrich bekennt er: „Die Reize dieser Insel sind keusch und karg und lenken den Sinn auf Rum.“ Oder Gerhard Hauptmann fiel zu den Wanderdünen in List folgender Tiefschürf ein: „Es ist hier wie auf den Gletschern eines Hochgebirges!“ Rainer Maria Rilke ließ sich sogar zu einem Sonett über den Sylter Sonnenuntergang hinreißen.

Aus diesen wenigen Beispielen läßt sich die ungebremste Entspannung und Egalhaltung ablesen, die den Schriftsteller auf Sylt zwangsläufig überkommt. Kein Druck ist mehr spürbar, denn Sylt lindert jeden verkrampften Ehrgeiz. Für den schaffensgehemmten Schriftsteller ist das Sylter Klima ein geistiger Kurort. Ohne Anspannung kann er den Tag an sich vorüberziehen lassen, ohne sich vor leeren Blättern fürchten zu müssen.

So werden aus umherschleichenden Gestalten mit gequältem Lächeln und blassem Teint nach wenigen Tagen auf der Insel kraftstrotzende Protze, die mit stoischer Gelassenheit durch den Tag kommen. Kein Wunder, daß es bei fürsorglichen Verlegern schon lange Tradition ist, geistig hinsiechenden Schriftstellern einen Sylt-Aufenthalt zu verschreiben. Ohne das Sylter Klima jedenfalls wäre die deutsche Schriftstellerkultur längst in die Wirtschaft emigriert.

Der militante Nudist

„Würden Sie bitte Ihre Badekleidung ablegen, Sie befinden sich hier auf einem Freikörperkultur Gelände!“ – So ähnlich könnte man ihn kennenlernen, den militanten Nudisten. Er liegt gerne an den Grenzen der Nacktbadestrände auf der Lauer und macht ahnungslose Neuankömmlinge auf sein Terrain aufmerksam.

Meistens handelt es sich um einen weißhaarigen Herrn in fortgeschrittenem Alter, der aussieht, als wäre er von Kopf bis Fuß in eine Friteuse gefallen. Die Hautregionen in der Schniedelgegend sind meist noch knuspriger als die auf Rücken oder Brust, denn als aufrechter Nudist läßt er sein gutes Stück natürlich auch bei Orkan zu Legitimationszwecken draußen flattern, während er alles andere in Wolle gepackt hat.

Die Militanz, mit der er sein Nudistenrecht bei jeder Gelegenheit durchsetzt, wirkt zwar angesichts des längst etablierten „Alles-Ist-Überall-Erlaubt“-Standards ziemlich lächerlich, er aber pocht auf alte Traditionen und verlangt nach fallenden Hüllen.

Natürlich steckt dahinter keine Spur von Neugier, das ist nicht sein Stil. Er kommt aus einer alten, fast schon versunkenen Sylt-Kultur, die früher einmal jenes prickelnd aufregende Flair aus naturgegebener Erotik und selbstbewußter Freiheit verbreitete, durch das Sylt zum Kult wurde. Der postmoderne Hedonismus und die Hip-Hop-Kultur ist über ihn hinweggegangen.

Ob nackt oder betucht, wen interessiert das heute noch? Obwohl das kein Thema mehr ist, er besteht auf heruntergelassenen Hosen als Anerkennung seines Freiheitsanspruchs. Man sollte ihn gewähren lassen und ihm als Ur-Sylt-Fan Respekt zollen.

Der Hamburger Zuhälter

Wenn das Goldkettchen um den Hals mehr wiegt als das Gehirn darüber, dann haben Sie mit Sicherheit einen jener Hamburger Loddels vor sich, die sich bevorzugt an den Wochenenden wie mittelalterliche Stammesfürsten bei Turnieren auf Sylt versammeln. Meistens operieren sie von offenen Cabrios – nicht selten handelt es sich dabei um heckflossengewaltige schwere amerikanische Straßenkreuzer der fünfziger/sechziger Jahre – oder Harleys aus, treiben illegalen Tauschhandel in dunklen Edelkaschemmen und haben in der Regel zwei, drei ihrer Mitarbeiterinnen als Firmenmuster dabei. Sie erwecken stets einen geschäftigen Eindruck.

Mit ihren angespritzten Muskelhaufen hinterlassen sie einen enormen Eindruck bei den Normaltouristen und lassen unterm Seidenhemd auch gern einmal den Brustpanzer hüpfen. Ansonsten sind sie eher harmlos und von der tatsächlichen Inselkultur weitgehend isoliert. Dennoch prägten sie das Image in der Öffentlichkeit nachhaltig, weil nämlich Neider gerade diese Szene als die typischen Syltianer hinstellen, um Sylt eins auszuwischen.

Der deprimierte Strandläufer

Diese sind leicht alternativ angehaucht und ständig auf der Suche nach der Antwort auf Fragen, wie „Wer bin ich? – Was will ich?“ Bei jedem Wetter, am liebsten aber bei Orkan und Sauwetter, gehen sie auf die Suche nach ihrem „Ich“ und stapfen tapfer an der Wasserlinie, die Köpfe tief gegen den Wind gesenkt, die tosende Brandung entlang, um sich an den Naturgewalten zu berauschen und dem tosenden Chaos den Sinn des Lebens abzulauschen.

Während draußen das Leben tobt, gehen ihnen drinnen im Kopf allerlei endlos wirre Gedanken umher, und sie haben die Hoffnung, der frische Luftstrom möge ihnen bei der Ordnung ihrer Wirrnis behilflich sein. Nach den langen Läufen stellt sich dann das Gefühl ein, ihnen habe das „irgendwie gutgetan“.

Doch schon nach wenigen Augenblicken schnöder Realität beginnt ihre Grübelei von neuem. Sie sind hauptsächlich mit ihrem komplizierten Seelenleben beschäftigt.

Die deprimierten Strandläufer gehören zum Bild der Insel wie die über ihnen kurvenden Möwen. Sie gehören zu den stilleren Teilhabern am Inselleben. Sie sondern sich gern ab, besuchen Sylt vorzugsweise in der Nebensaison und meiden die Lebe-Szene.

Der abenteuerlustige Urlaubssingle

Sylt hat auch ein klein wenig von Ibiza, mit dem Unterschied, daß es auf Sylt dezenter und verborgener und vor allem gediegener zugeht als auf Ibiza. Das Sylter Nachtleben erscheint an der Oberfläche nicht besonders spektakulär, aber im Hintergrund arbeitet eine regelrechte Vergnügungsmaschinerie, die jedem abenteuerlustigen und kapitalkräftigen Ausflipper alles liefert, wonach ihm der Sinn steht. Viele Sylt-Fans wissen das und nutzen einen als notwendige Geschäftsreise getarnten Kurzurlaub zum Picknick im Vergnügungspark Sylt.

Mit der Zeit ist eine regelrechte Szene von gestandenen mittelständischen Ehefrauen und Ehemännern gewachsen,

die sich oft mehrmals im Jahr für wenige Tage, dafür aber um so intensiver, die Maske eines freiheitsliebenden Singles überstreifen und mit bemerkenswertem Elan und skrupelloser Frivolität auf Sex, Drugs und Rock'n Roll aus sind.

Schon während der Anreise wird an Autobahnraststätten und auf Eisenbahntoiletten das Outfit gewechselt, wird mit fiebrigem Eifer der Ehering abgestreift, die verräterische Einschnürung aus dem Finger massiert und mit hochdosierter Selbstbräunungscreme nachgetönt.

In Windeseile entsteht aus einem Dr. Jekyll ein Mr. Hyde. Je schneller sich dieser Prozeß vollzieht, desto weiter ist die Sucht nach dem Abenteuer auf Sylt bereits fortgeschritten.

Die ganz großen Fische

Wären nicht ständig ein paar Fotografen und Mikrofonhalter in der Nähe, man würde sie gar nicht erkennen, so dezent und zurückhaltend bewegen sich die wirklich großen Fische auf Sylt. Es ist nicht chic, auf Sylt auf den Putz zu hauen, sich öffentlich zu präsentieren und Public Relations zu pflegen. Das ungeschriebene Gesetz der High-Tops auf Sylt heißt: Wer auffällt, hat schon verspielt. Jeder, der sich für etwas Besonderes hält, versucht sich danach zu richten. Trotzdem hat jeder Promi natürlich den heimlichen Wunsch, man möge ihn entdecken und ablichten. Aus dieser Situation entwickelt sich ein eigenartiges Katz- und Mausspiel, bei dem es darauf ankommt, nicht vorschnell von den Medien entdeckt zu werden, trotzdem aber nicht völlig unter den Tisch zu fallen.

Die Lektüre der heimischen Morgenzeitung und der einschlägigen Gesellschaftsgazetten gerät somit zu einer Art Wettanzeiger und Medaillenspiegel. Wenn dort Promi XY mit Strandbild und der Schlagzeile „Seit gestern macht er/sie Urlaub auf Sylt" zu sehen ist, dann haben wir es mit einem Verlierer zu tun, dessen Gesellschaftsaktie unverzüglich in den Keller purzelt. Er wird wie die Pest gemieden werden, da man die eigene Entdeckung fürchtet. Die Gewinner sind diejenigen, die im Bild braungebrannt am Sportflugzeug stehen und zu denen der Zeitungskommentar resignierend feststellt: „Nach vier Wochen ungestörtem Urlaubs abgereist". Sie sind die Top-Gewinner und brauchen sich um den Zuwachs ihres Ruhms auf Sylt auch in ihrer Abwesenheit keine Gedanken zu machen.

Die Wattenmeer-Naturfreaks

Grüne Barbour-Jacke, grüne Gummistiefel, beige Cordhose, Fernglas und ein Naturstöckchen in der Hand, mit dem sie ihre Begleitung kopfschüttelnd auf angeschwemmte Coladosen und andere Entsetzlichkeiten der Zivilisation aufmerksam machen, das sind die Erkennungszeichen der Wattenmeer-Naturfreaks. Normalurlauber bekommen diese Spezies kaum zu Gesicht, denn diese Naturfreaks tummeln sich eigentlich nur in den äußersten Ecken der Insel bei List, Hörnum oder im Vogelschutzgebiet. Dort betreiben diese Menschen ihre eingehenden Naturbeobachtungen. Jeden Urlaub verbringen sie auf Sylt, meist in einer leicht wehmütigen Endzeitstimmung. Wird man im nächsten Jahr noch einen Schweinswal zu Gesicht bekommen? Wird der gefährdete Lungenenzian weiter zurückgehen, weil er von unwissenden Touristen mit seinen empfindlichen Wurzeln herausgerissen wird? Bekommen die Kegelrobben den Nachwuchs durch, oder wird er etwa von reisenden Kegelclubs aus dem Kohlenpott zwangsadoptiert?

Seine befriedigendsten Urlaubserlebnisse hat der Wattenmeer-Naturfreak, wenn er ahnungslose Touristen bei einem Naturfrevel ertappt, um sie anschließend auf eine väterlich-wohlwollende, aber zugleich die Drohung einer möglichen Anzeige mitschwingen lassende Art, stundenlang über die komplizierten Lebenszusammenhänge im Wattenmeer aufzuklären. Das läßt die Ertappten entsprechende Einsicht heucheln und sie begreifen folglich, daß sie um ein Haar das gesamte Ökosystem der Nordsee gekippt hätten, wäre nicht im letzten Augenblick der Wattenmeer-Naturfreak eingeschritten.

Bin ich reif für die Insel?

Kurztest für Schnellentschlossene

Wer beim Anblick eines harmlosen Strafzettels zum zähnefletschenden Reißwolf wird, wer im Fahrstuhl unvermeidlich kalte Schweißausbrüche bekommt, nachts mit den Zähnen knirscht bis sämtliche Jacketkronen pulverisiert sind, oder wer nach dem allmorgendlichen Klingeln des Weckers von Brandanschlägen auf seinen Betrieb phantasiert, der zeigt untrügliche Anzeichen von fortgeschrittener Inselreife.

Irgendwo hat jeder von uns eine Grenze, nach deren Überschreitung der Schmelzpunkt für Hauptsicherung erreicht ist. Ein aberwitzig geringer Anlaß genügt dann, um aus der Rille zu springen. In Sekundenschnelle verwandeln sich nette Normalbürger in jähzornige Bestien, werden zu geifernden Amokläufern, die vor keiner peinlichen Entgleisung zurückschrecken. In solchen Momenten spricht man in der Regel davon, daß jemand reif für die Insel sei.

Die untrüglichen Anzeichen für den Reifezustand zeigen sich meist im Vorfeld. Sie sollten sensibel darauf achten. Der folgende Test wird Ihnen helfen, Ihren persönlichen Insel-Reifezustand zu erkennen. Entscheiden Sie spontan, welche Reaktionen in den geschilderten Situationen für Sie typisch wären.

Ihr Chef bittet Sie am Freitagnachmittag um eine kleine Gefälligkeit: Sie sollen am Wochenende die Bilanz für die Betriebsprüfung am Montag frisieren.

A Sie geben den Auftrag an den Lehrling weiter und geben ihm dafür 20 Mark extra.

B Sie beichten ihm kurzerhand, daß Sie weder lesen noch schreiben können.

C Sie stieren ausdruckslos ins Leere und versuchen sich durch die Vortäuschung einer akuten Lähmung aus der Affäre zu ziehen.

D Sie beginnen augenblicklich unkontrolliert mit den Zähnen zu klappern, bis Ihnen die Kronen herausfallen.

Sie haben sich am Zeitungskiosk angestellt, um eine Zeitschrift zu kaufen. Plötzlich drängelt sich eine ältere Dame vor und kauft Ihnen die letzte Cosmopolitan vor der Nase weg.

A Sie erklären der Oma, daß gerade diese Zeitschrift für Rentenkürzung, Zwangsarbeit für Rentner und für die Einebnung aller Friedhofsanlagen eintritt.

B Sie verfolgen die alte Dame und nehmen ihr in der Straßenbahn den einzigen freien Platz weg.

C Sie reißen der Rentnerin den Fuchs vom Kragen und basteln sich daraus einen schicken Antennenschmuck.

D Sie kaufen eine Bildzeitung, zerreißen sie hinter der nächsten Straßenecke in kleine Fetzen und essen sie auf.

Das erste Mal in Ihrem Leben haben Sie Lotto gespielt und landen prompt einen Sechser. Das Dumme ist nur, Ihr Partner hat den Lottoschein ins Altpapier gegeben.

A Sie versuchen es bei Gelegenheit einfach noch einmal.

B Sie bitten Ihren Partner inständig darum, zukünftig keinen Fetzen Papier mehr ohne vorherige Gegenzeichnung zu entsorgen.

C Sie machen mit Ihrem Partner einen Monat lang Campingurlaub bei der städtischen Altpapierverwertung.

D Ihnen schwillt die Galle bis unter die Augenbrauen, Ihnen wird grün vor Augen und Sie beißen sich durch den Teppich bis zu den Heizschlangen der Fußbodenheizung.

Es gießt in Strömen. Sie kommen vollbepackt aus dem Supermarkt und eilen zu Ihrem Wagen. Zu Hause erwarten Sie Gäste. Gerade, als Sie die Wagentür aufschließen wollen, fällt Ihnen der Autoschlüssel in den Gully über dem Ihr Wagen steht.

A Sie lassen sich ein Taxi rufen und fahren einfach nach Hause.

B Sie laufen in den Laden zurück und besorgen sich Regenkleidung und eine Angel.

C Sie reißen sich die Kleidung vom Leib und werfen mit Lebensmitteln um sich, weil Sie das Gefühl haben, irgend etwas unternehmen zu müssen.

D Sie bleiben fassungslos am Gully stehen, bis Sie von einer herbeigerufenen Gemeindeschwester nach Hause geführt werden.

Sie haben einen wichtigen Geschäftspartner aus Japan zum Fischessen in ein Gourmet-Lokal eingeladen und müssen beim Bezahlen feststellen, daß Sie Ihre Brieftasche vergessen haben.

A Sie erklären dem Japaner, daß er am meisten Gewinn machen könnte, wenn er gleich mit einer kleinen Baranzahlung in Ihr Geschäft investiert.

B Sie entschuldigen sich und gehen zum Betteln auf die Toilette.

C Sie tun so, als hätten Sie eine Gräte verschluckt und verschwinden klammheimlich.

D Sie lassen Ihren Kopf schnurstracks auf den leeren Teller fallen und simulieren eine tödliche Fischvergiftung.

Auswertung

Geben Sie sich für jede Antwort unter
A einen Punkt
B zwei Punkte
C drei Punkte
D vier Punkte

Die Summe ergibt ihre Gesamtpunktzahl für die folgende Auswertung:

5 - 10 Punkte

Sie sind noch relativ cool drauf. Sie sind zwar derzeit nicht reif für die Insel, aber Ihnen würde ein Urlaub auf Sylt wirklich gut zu Gesicht stehen, denn Sie strahlen ein gesundes Selbstvertrauen aus. Mit Ihrer Grundeinstellung würden Sie auf Sylt viele Erfolge erzielen. Sollten Sie zur Zeit Single sein und auf Abenteuer hoffen, werden Sie Ihre helle Freude haben, auch wenn Sie nicht die klassische Inselreife besitzen.

11 - 15 Punkte

Es kriselt wohl etwas bei Ihnen, aber kein Grund zur Beunruhigung, Sie befinden sich noch im normalen Streßbereich. Dennoch können Sie sich in Ihrem Terminkalender schon einmal einen günstigen Insel-Urlaubsaufenthalt reservieren und die Koffer packen, denn häufig reicht ein kleiner Anlaß, um Sie von trügerischer Angespanntheit in einen explosionsbereiten Vulkan mit bloßliegenden Nerven zu verwandeln. Allein die Tatsache, einen festen Reisetermin in der Hinterhand zu haben, hilft schon über allerlei Ungemach hinweg.

16 - 20 Punkte

Aber Hallo! Machen Sie sich sofort reisefertig, Sie sind absolut reif für die Insel. Wenn Sie noch ein paar Tage warten, werden Sie vielleicht auf Krankenschein fahren können, aber womöglich ist dann schon alles zu spät. Am besten Sie lassen alles stehen und liegen, greifen tief in Ihr Konto und reisen ohne großes Gepäck. Bei aller Dramatik haben Sie einen Vorteil: Sie werden den Inseleffekt mit voller Wucht erleben. Sie kommen als reife Frucht und können den Kontrast optimal genießen.

Sind Sie cool genug für Sylt?

Das richtige Format

Der Sylt-Fan will überall dabeisein und gleichzeitig unter sich bleiben. Da immer mehr Leute bei diesem Spiel mitmischen wollen, wird es ständig schwieriger, die erwünschte Sylter Exklusivität zu wahren, denn bei mehr als einer halben Million Touristen pro Jahr wird es mitunter schon ein wenig eng, besonders in den Monaten Juli und August. Kein Wunder also, daß aus Sylt von höchsten Stellen vehement gegen Billigtourismus protestiert wird.

Nun finden die etablierten Sylt-Fans es andererseits verständlich, daß die einfachen Bürger unseres Landes auch endlich von sich behaupten möchten, schon einmal auf Sylt gewesen zu sein. Im Grunde sogar ein sympathischer Zug, denn der Massenandrang bestätigt dem echten Sylt-Fan ja nur, daß seine Insel das absolute Nonplusultra ist.

Aber so geht es natürlich nicht! Einige der leidenschaftlichen Sylt-Fans erleben es schließlich schon als schweres persönliches Manko, nicht auf der Insel geboren worden zu sein. Manchen alten Hasen gelten selbst jene Sylt-Fans als unerwünschte Eindringlinge, die erst seit zwei Jahrzehnten auf „ihre“ Insel kommen. Ein kleiner selbstkritischer Test, ob man wirklich schon das richtige Format für Sylt besitzt, kann daher nicht schaden. Glückwunsch, wenn Sie mindestens sieben der folgenden Fragen mit "Ja" beantworten können. Dann sind Sie cool genug für einen erfolgreichen Syltaufenthalt. Wer mit seinen Antworten darunter liegt, sollte vor dem nächsten Sylt-Aufenthalt an sich arbeiten. Am besten Sie beginnen mit der Nonnenaufgabe, dann haben Sie auch gleichzeitig das Problem mit der Polizeieskorte gelöst.

❐ Sie fahren ein Cabrio der gehobenen Kategorie, bzw. haben die feste Absicht, sich ein solches bald anzuschaffen?

❐ Beim Friseurbesuch blättern Sie regelmäßig den halben Monatslohn eines Durchschnittsangestellten hin?

❐ Ihre Hobbys sind dermaßen ausgefallen, daß darüber regelmäßig im Regionalfernsehen berichtet wird?

❐ Sie haben schon drei Fischvergiftungen hinter sich und können Shrimps, Lachs und Austern trotzdem immer noch bestens vertragen?

❐ Sie pendeln ständig zwischen Sylt und dem Rest der Welt?

❐ Sie haben in letzter Zeit mehr Geld in Ihre Anwälte gesteckt als in Kleidung und Lebensmittel?

❐ Ihren Schulden nach zu urteilen sind Sie permanent bankrott, aber es geht Ihnen deshalb keineswegs schlecht?

❐ Ihr Bekanntenkreis besteht aus verkrachten Existenzen, die aber immer für Unterhaltung sorgen und niemals Langeweile aufkommen lassen?

❐ Sie können damit rechnen, daß in Ihrem Geburtsort eine Straße nach Ihnen benannt wird (notfalls reicht eine Parkbank mit graviertem Stiftungsschild)?

❐ Sie werden in der Stadt von einem Polizeiwagen eskortiert?

❐ Sie sind als Exhibitionist vor einem Nonnenkloster verhaftet worden. Die Anzeige kam nicht von den Nonnen, sondern vom eifersüchtigen Hausmeister?

Die Sylter

Ein ganz besonderer Menschenschlag

Das Verhältnis zwischen einheimischer Bevölkerung und Touristen ist in keinem Urlaubsgebiet völlig ungetrübt. Einerseits will und muß man vom Tourismus leben, andererseits entstehen bei entsprechendem Massenandrang schnell Zahlenverhältnisse, bei denen die Einheimischen deutlich ins Hintertreffen geraten. Wie sieht nun das Verhältnis zwischen den Sylt-Fans und den Einheimischen aus? Die etwa 20.000 Sylter lassen sich auch von über 500.000 Touristen nicht unterkriegen und haben sich ihre Eigenarten bewahrt, für die sie von Touristen bewundert und zuweilen sogar gefürchtet werden.

Die Norddeutschen stehen nicht ganz zu Unrecht in dem Ruf, etwas sonderbar und nicht übermäßig gesellig oder gesprächig zu sein. Norddeutscher als Sylt geht nun schon aus geographischen Gründen nicht, insofern ist es nicht verwunderlich, daß die Sylter bei allen bekannten Spleens und Marotten der Norddeutschen noch eins draufsetzen. Die Friesen waren eben schon immer ein Fall für sich.

Manches vom Mythos der eigenwilligen Friesen beruht gewiß auf Überschätzung. Alte friesische Männer werden von ihren Angehörigen beispielsweise tagsüber gern zum Auslüften ans Meer gesetzt. Meistens bleiben sie dann genau so sitzen, wie die Angehörigen sie plazieren und richten den Blick aufs Meer oder übers Land und tun nichts, außer alle halbe Stunde einmal „Tjä" zu sagen und zu jeder vollen Stunde einmal auszuspucken. Das beeindruckt die Touristen und erscheint ihnen wie eine besondere Form der Meditation und tiefschürfenden Lebenseinsicht, vergleich-

131

bar vielleicht allenfalls mit dem Zen-Buddhismus.

Einheimische erkennen darin zwar eher die Spätfolgen reichlichen Korn- und Rumgenusses oder beginnenden Alzheimers, doch bei den Syltbesuchern festigen solche Begegnungen das Bild vom Friesen, der jenseits aller städtischen Hektik und Oberflächlichkeit dem Sinn des Lebens nachspürt.

Neben solchen eher schönfärbenden Vorurteilen, gibt es bei den Gästen allerdings auch einige weniger positive Meinungen über die Einheimischen. Böse Zungen behaupten zum Beispiel gern, bei den Ursyltern käme immer wieder etwas von der Neigung zum Piratentum und zur Strandräuberei ihrer Vorfahren durch. Wer zu den wenigen Glücklichen zählt, die auf Sylt über eine eigene Bleibe verfügen und für deren Instandhaltung je einen Sylter Handwerker beauftragt hat, weiß, wovon die Rede ist.

Weder mit dem einen, noch mit dem anderen Extrem wird man freilich den alteingesessenen Syltern gerecht. Man muß sich klarmachen, daß man es bei den Syltern mit einem ganz besonderen Menschenschlag zu tun hat, der mit gewöhnlichen Maßstäben nicht ohne weiteres zu messen ist.

Historisches

Das Studium historischer Quellen offenbart so manche Information über die Wurzeln der friesischen Identität und die sprichwörtliche Dickköpfigkeit der Friesen. Über die Sylter Bevölkerung weiß Caspar Danckwerth 1652 beispielsweise folgendes zu berichten:

Die Einwohner dieser Insul gebrauchen sich noch ihrer Alt-Friesischen Sprache haben auch noch ihren besonderen alten Habit oder Tracht an Kleidung insonderheit tragen die Weiber kurtze Röcke [...]. Die Einwohner seynd was ungeschliffen weil sie von andern Leuten abgesondert leben und wenig zu Lande viel aber zu Wasser hantieren.

Wer an dieser Schilderung den Hinweis auf die kurzen Röcke der Sylter

Aufnahmen aus den fünfziger Jahren: Altfriesisches Haus in Keitum (oben) und das Leuchtfeuer von Wennigstedt (unten)

Aufnahmen aus den fünfziger Jahren: Alte Kirche in Keitum (oben)
und der Strand bei List (unten)

Weiber irgendwie prickelnd findet, der sei auf die folgende, doch sehr ernüchternde, Schilderung von Christian Peter Hansen, einem gebürtigen Westerländer und bedeutenden Sylt-Chronisten, verwiesen:

Zu alter Zeit sah man auf Sylt unter den freilich der Mehrzahl nach sehr robusten, nicht selten bärtigen Weibern auch eine große Menge krüppelhaft gestalteter Personen, welcher Umstand zum großen Theil von der harten, fast spartanisch strengen Kinderzucht der Sylter jener Zeit und der Überlastung des weiblichen Geschlechts mit schweren Arbeiten hergeleitet werden muß.

Die harte Arbeit, zu der die Frauen genötigt waren, lag nicht etwa daran, daß die Männer zu faul waren, sondern hatte eine andere Ursache. Die Männer fuhren mangels anderer einträglicher Erwerbsmöglichkeiten zum weitaus überwiegenden Teil zur See und waren meist über Monate, manchmal gar für Jahre fort.

Daß der Ausnahmestatus von Sylt keine Erfindung unserer Tage ist, sondern sich schon in Reisebeschreibungen früherer Jahrhunderte findet, läßt sich bei Johann Friedrich Camerer in einem Bericht aus dem Jahr 1755 nachlesen:

Ich habe seit einigen Jahren zu meinem Vergnügen bald diese bald jene kleine Reise nach verschiedenen Inseln der Ost- und West-Seite von Holstein gethan. Ihro Excellenz der Herr Geheimte Rath von Holstein Amtmann zu Tundern, waren so gnädig, und ließen mich mit sich reisen, um die noch ächte Wohnung der Fresen, die Marschländer zu besehen. Nichts ist mir aber […] merkwürdiger, als die Insel Sylt in der Westsee vorgekommen.

Es mag nicht zuletzt an den seltsam anmutenden Sylter Bräuchen gelegen haben, daß ihm Sylt so merkwürdig vorgekommen ist. Zum Beispiel ging es auf den Sylter Hochzeiten früher recht heftig zu. Allgemein üblich war offensichtlich, daß die Hochzeitsgelage in einer

wüsten Massenschlägerei endeten. Vorsichtshalber legten die Männer schon einmal für alle Fälle ihre Leichenkleider zurecht, bevor sie zu einer Hochzeit gingen. Eine resignierende Ehefrauenweisheit aus jenen Tagen lautete:

Das Bier in dem Manne, der Verstand in der Kanne.

Besonders heitere Anlässe waren die Sylter Leichenwachen. Man gesellte sich zur aufgebahrten Leiche und veranstaltete eine Lustbarkeit mit Spiel und Gesang. Hintergrund dieser Zusammenkünfte war der Sylter Aberglaube, daß die Leiche von den Zwergen gestohlen werden könnte. Also mußte die Leiche bewacht werden, alleine hatte man jedoch Angst, deshalb lud man möglichst viele Freunde ein. Damit keine Langeweile aufkam, wurde für Unterhaltung gesorgt.

Nicht nur untereinander pflegten die Friesen sonderbare Umgangsformen, vor allem gegenüber der dänischen Obrigkeit zeigten sie einen bemerkenswerten Drang zur Eigenständigkeit. Steuern an den dänischen König zu entrichten, paßte den Syltern gar nicht ins Konzept.

Vom späteren Sylter Volkshelden, dem Fischer Pidder Lüng, wird berichtet, er habe den dänischen Amtmann, der gewaltsam bei ihm die Steuern eintreiben wollte, mit dem Kopf in einen Topf heißen Grünkohls gesteckt, bis dieser erstickt sei.

Sylterfriesisch

Wenn der Sylterfriese „Wat" sagt, dann ist er nicht etwa schwerhörig und muß noch einmal nachfragen, er spricht dann auch nicht vom Watt, wie vielleicht nahezuliegen scheint. Hier hat sich etwas in der Sprache erhalten, was in den übrigen germanischen Sprachen bereits vor über 1000 Jahren verlorengegangen ist. Es handelt sich dabei um den sogenannten Dual, eine Bezeichnung für die Zweizahl von Personen. „Wat" heißt ganz einfach „wir beide". „At" steht für „ihr beide", „jat" bezeichnet „sie beide", „unk" „unser beider" und „junk" „euer beider". Trifft man also auf einen Friesen, der ständig „wat, at, jat, unk, junk" brummelt, dann schimpft er nicht etwa besoffen sinnloses Zeug vor sich hin, sondern er trainiert den Dual.

Berühmt ist das Sylterfriesisch auch für seine teilweise recht drastischen Sprichwörter:

„Aark Drööp helpt", sair di Man en peset ön Heef. („Jeder Tropfen hilft", sagte der Mann und pißte ins Watt.)

Jung Koptains, ual Süpers. (Junge Kapitäne, alte Säufer)

En Seeman tö Hingst es en Grual fuar Got. (Ein Seemann zu Pferde ist Gott ein Greuel.)

Rüm Hart, klaar Kiming (Bedeutet übersetzt keineswegs „Harter Rum und klarer Korn", sondern „Reines Herz und weiter Horizont.")

Heute sind es leider nicht einmal mehr Zehntausend, die diese aussterbende Sprache verstehen und sprechen können. Vieles von der friesischen Kultur droht verlorenzugehen und manches, das auf der Insel den obligatorischen Zusatz „friesisch" trägt, ist reiner Touristennepp.

Sylt in Zahlen und Fakten

Kurzgefaßte Geschichte der Insel

6000 v. Chr.

Die ersten Menschen siedeln sich in der Sylter Gegend an. Sylt hat noch eine gemeinsame Küstenlinie mit dem Festland und ist touristisch weitgehend unerschlossen.

4000 v. Chr. bis 1500 v. Chr.

Die Jungsteinzeit vertreiben sich die Frühsylter u.a. mit dem Bau von Hünengräbern. Davon sind heute noch ungefähr 50 Exemplare erhalten geblieben.Die Tinnumburg kann als vorzeitliches Beispiel für Sylter Bauwut angesehen werden. Die Festungsanlage hat einen Durchmesser von ungefähr 120 Metern und ist von einem sieben Meter hohen Wall umgeben. Der Zweck dieser Anlage ist bis heute nicht ganz geklärt, vielleicht das erste Abschreibungsobjekt der Baugeschichte.

800 n. Chr.

Die Reiselust treibt die Friesen um. Holländische Friesen setzen sich auf Sylt fest und tun das, was Holländern offenbar im Blut liegen muß: Sie beginnen mit dem Deichbau.

1141

Erste Erwähnung des Namens Sylt in einer Urkunde des Dänenkönigs Erik III.In der Urkunde heißt es „Sild", was eine dänische Bezeichnung für Hering ist. Die historisch korrekte Aussprache wäre demnach eher „Sild" und nicht „Süld". In der Tat gibt es ja auch einige, die diese Aussprache bewußt pflegen und sich damit gezielt abgrenzen.

1150

Die Christianisierung des Dänenreiches durch den Mönch Ansgar macht auch vor Sylt nicht halt. Die ersten Kirchen werden gebaut. St.Martin in Morsum und St.Severin in Keitum stammen aus dieser Zeit.

1164

Auf die Julianflut sind die Deiche nicht eingerichtet. Die große Sturmflut vom 17. Februar kostet Tausende von Menschen das Leben.

1252

Die Sylter bekommen Zoff mit dem Dänenkönig, weil sie von ihrem Geld lieber bessere Deiche bauen wollen statt Steuern an ihn zu zahlen.

1362

Endlich wird Sylt zur Insel, doch der Preis dafür ist hoch: Die große „Mandränke" vom 16. Januar kostet 100.000 Menschenleben und mischt die gesamte Küstenlinie der Nordsee nachhaltig auf.

1436

Gründung Westerlands.

1634

Die Buchardiflut fordert auch auf Sylt ihre Opfer.

1857

Westerland wird zum Badeort.

1864

Sylt wird preußisch.

1908

Die Inselbahn von Hörnum nach List nimmt ihren Dienst auf.

1912

Einweihung der Strandpromenade von Westerland. Auf einer der schönsten Strandpromenaden der Nordsee wird von nun an flaniert, was das Zeug hält.

1920

Volksabstimmung: Deutsche und Dänen von Sylt bis Flensburg sollen sich zwischen der Zugehörigkeit zu Dänemark oder Deutschland entscheiden. Fast 90% der Sylter entscheiden sich für Deutschland.

1927

Reichspräsident Hindenburg läßt sich am 1. Juni anläßlich der Eröffnung des nach ihm benannten Dammes im offenen Cabriolet durch Westerland kutschieren. 6000 Arbeiter haben vier Jahre lang an diesem Damm geschuftet.

1942

Damit die Sylter Gäste auch mit höchstem Segen nahtlos braun werden dürfen, erläßt der Reichsführer der SS, Heinrich Himmler, eine Anordnung, die das Nacktbaden an einigen Stellen der Insel offiziell gestattet.

1962

In der Nacht vom 16. zum 17. Februar bricht die gewaltige Sturmflut auch auf Sylt herein. Der Dünengürtel bei Hörnum wird durchbrochen. In Westerland dringt das Meer bis in die Stadt vor.

1963

Der Eiswinter des Jahres 1963 hebt für neun Wochen den Inselstatus von Sylt auf. Täglich überqueren mehrere Hundert Autos die sogenannte „Eisavus" nördlich vom Hindenburgdamm.

1978

Bei der ersten Sylter Sandaufspülung werden eine Million Kubikmeter Sand auf den Strand gebracht.

1981

Wie gewonnen, so zerronnen: Die Novemberflut holt sich zwei Millionen Kubikmeter Sylt.

1988

Ein mysteriöses Seehundsterben dezimiert den Bestand der munteren Knopfaugen auf ein Drittel.

1989

Das Sturmtief Nancy schlägt am 25. März dieses Jahres hart zu und knabbert ein kräftiges Stück von der Sylter Südspitze ab. 6500 Quadratmeter Dünen werden abgetragen.

Sylts Geographie

Raffinierte Landschaftsarchitektur

Schon die Umrisse der Insel sehen aus, als wäre Sylt von einem genialen Designer gestylt worden. Absolut verständlich, daß sich die Syltaufkleber am Auto so penetrant verbreitet haben. Einen Föhr-Aufkleber könnte man leicht mit einem Vogelschiß verwechseln, aber Sylt erkennt wirklich jeder sofort. Die schlanke Gestalt der nadelscharfen Sylter Südspitze macht einen erheblichen Teil des Reizes aus. Dabei zeigen alte Luftaufnahmen, daß Sylt noch in den dreißiger Jahren im Süden ziemlich plump in einer schlaffen Wurstform auslief. Veränderte Strömungsverhältnisse haben den Trend umgekehrt. Was einst einen Landzuwachs durch Anspülungen verbuchen konnte, wird nun immer schmaler.

Aber es sind nicht nur die eleganten Umrisse, die Sylts geographischen Reiz ausmachen. Die Insel ist nur 38 Kilometer lang, dabei 0,5 bis 12 Kilometer breit und bietet auf dieser Fläche eine landschaftliche Vielfalt, die ihresgleichen sucht. 40 Kilometer Strand, Dünen, Heide, Marschen, ein Drittel der Fläche sind Naturschutzgebiet. Wie kommt diese einmalige Vielfalt zustande?

Ist es das Ergebnis raffinierter Landschaftsarchitektur, das Morsum-Kliff besteht womöglich nur aus Gips und der Strand war in Wirklichkeit ein billiger Posten Vogelsand, den die geschäftstüchtigen Sylter in den sechziger Jahren aufgeschüttet haben? Damit wären Sylt-Fans ganz gewiß nicht zu foppen gewesen. Es ist eben das Einzigartige an Sylt, daß kaum eine andere Landschaft eine so aufwendige Entstehungsgeschichte hat. Während andere Landstriche ihre Existenz allein irgendeiner unbeholfenen eiszeitlichen Geröllverschiebung, einer gewaltigen Flut oder sonst einem Naturereignis zu verdanken haben, wirkte bei der geologischen Gestaltung Sylts nahezu das gesamte erdgeschichtliche Repertoire landschaftsgestaltender Tricks mit.

Über etliche Millionen von Jahren hinweg hat ein ausgeklügeltes Zusammenspiel von Vertikalbewegungen der Erdkruste, Meeresspiegelschwankungen um mehrere hundert Meter, dramatischen Klimaveränderungen, mehreren eiszeitlichen Ablagerungen, Jahrtausendfluten und wanderlustigen Dünen die Insel Sylt zu dem gemacht, was sie heute ist. Weil die Natur so tief in ihre Trickkiste gegriffen hat, dürfen sich heute Fossiliensucher auf der Insel über Fundstücke freuen, die mit einem Alter von über 500 Millionen Jahren fast noch aus der erdgeschichtlichen Kinderstube stammen.

Für Geologen wirft die Insel übrigens noch immer ungeklärte Fragen auf. Woher kommt zum Beispiel die Landmasse im Listland? Die dürfte dort eigentlich gar nicht sein. Auch das geologische Umfeld Sylts hat einige Besonderheiten aufzuweisen, von denen die Insel zu profitieren weiß. Kurz vor Sylts Westküste befindet sich ein steiles Unterwasserrelief, das die ankommenden Wellen nach ihrem Hunderte Kilometer langen Anlauf zu einem imposanten Endspurt so in Brandung bringt, daß sie brechen müssen. Die stärkste Brandung hat natürlich Westerland, das läßt es sich nicht nehmen.

Wer suchet, der findet...

Der passende Ort

Wie kaum eine andere Insel hat Sylt für fast jeden Persönlichkeitstyp den passenden Aufenthaltsort zu bieten. Daher findet jeder auf Sylt ein ideales Plätzchen zum Wohlfühlen. Fast ließe sich behaupten: „Sage mir, wo du wohnst, und ich sage dir, wer du bist".

List

Man sagt, in List auf Sylt verirrten sich mit Vorliebe Hinterwäldler, Einsiedler und Extremisten. Allein das Gefühl, sich dort am äußersten Ende der Republik aufzuhalten, reiche ihnen schon als Argument für die Wahl des Ortes. List strahlt immer etwas Abgeschiedenes, fast schon Abgestorbenes aus, es ist eine Art Dodge-City und erinnert an bestimmten Tagen an Szenen aus „Spiel mir das Lied vom Tod". In die Wüste des Listlandes könnte sich Lawrence von Arabien verirrt haben. An solcher Abgeschiedenheitskulisse laben sich Geister, die dem gesellschaftlichen Treiben schon lange den Rücken gekehrt haben und ein Eremitendasein am Rande bevorzugen.

Unter den Tagesgästen finden sich neben den Durchreisenden, die mit der Fähre nach List kommen, auffallend viele Fischgourmets. Das hat seine guten Gründe, denn in List wird Deutschlands nördlichste Fischbude betrieben. Bei Gosch in List treffen sich Liebhaber von Fischspezialitäten. Frischer als hier können Austern nicht sein, denn sie kommen quasi von vor der Haustür aus der Blidselbucht.

Kampen

Ganz anders ist da Kampen. Abgesehen davon, daß Kampen wie kein ande-

Kurverwaltung
Gemeinde
Kaamp-H

rer Ort auf der Welt seine Gäste abfiltert, braucht es eine Menge Aufwand, um in Kampen wirklich nicht nur zu wohnen, sondern zu Hause zu sein. Wer sich nach Kampen orientiert, muß gesellschaftlichen Ehrgeiz haben, der in der Regel bereits im roten Bereich krankhafter Geltungssucht anzusiedeln wäre. Nicht einmal richtig berühmte Promis werden dort als solche automatisch akzeptiert, sondern erst nach einigen Bewährungsproben zugelassen. Eine Einladung zu einer der Champagner-Orgien unter Vollmond und Zeltdach gilt als offizielle Überwindung des sozialen Numerus Clausus. Die meisten Kampen-Fans aber begnügen sich damit, einige Nächte auf Kamper Boden zu kampieren und ein wenig vom Hauch der Exklusivität zu schnuppern. Nach einem Besuch im Gogärtchen tragen sie die Nase unwillkürlich ein wenig höher. Die pure Nähe zur fernen Höhe genügt ihnen bereits, um sich selbst als exklusiv zu erleben. Für sie ein Genuß, auf den sie im Urlaub nicht verzichten können. Der Kontakt zur großen Welt färbt sichtbar auf sie ab.

Wenningstedt

Wer nicht weiter auffallen und einen möglichst unkomplizierten Urlaub verbringen möchte, der wendet sich vermutlich lieber nach Wenningstedt. Wenningstedt ist der Platz für anspruchslose, bodenständige Pragmatiker. Die Verrückten in Keitum schaut man sich nur kopfschüttelnd aus der Ferne an, man geht ab und zu zum Eisessen oder auf ein Fischbrötchen in die Stadt nach Westerland. Ansonsten läuft der Urlaub wie geplant vor sich hin. Morgens die Zeitung aus der Heimat, dann zum Strand, preiswert Mittagessen, dann die Ruhepause und gegen Abend einen Schaufensterbummel.

Westerland

Westerland ist eher so was wie das Klein Las Vegas der Insel. Von den alten Sylt-Fans gehen einige sogar so weit, zu behaupten, daß nach Westerland eigentlich nur diejenigen fahren, die von Sylt nicht viel verstehen. Also findet man dort die echten Sylt-Fans nur auf der Durchreise. Westerland kann für den

Sylt-Fan nur der Einsteiger sein. Wer dort hängenbleibt, wird es nie zum richtigen Sylt-Fan bringen. Wo sonst gibt es einen Ort von knapp 10.000 Einwohnern, der 24 Makler, sieben Discos und fünf Apotheken hat? Wer offensichtlich auf den Charme von Betongiganten abfährt, kann es mit seiner Syltliebe nicht ernst meinen, so das Kalkül der Westerlandgegner. Dem läßt sich vielleicht entgegenhalten, daß der urbane Charakter Westerlands mit seinem lebendigen Wirtschaftswundercharme der sechziger Jahre vielen Städtern beim Übergang vom Großstadtalltag in den Syltur-laub schockartige Kontrasterlebnisse erspart.

Keitum

Keitum ist dagegen der heimliche kulturelle Kern der Insel, bis vor ungefähr einhundert Jahren war es außerdem der Hauptort der Insel. Für Vollblut-Sylt-Fans, solche, die sich ausschließlich für die Insel und deren Kultur interessieren, ist Keitum der richtige Platz. Hier können sie sich wie Sylter Ureinwohner fühlen und sind fern vom Trubel. Nach Keitum zieht es vor allem das Bildungsbürgertum. Es sind Menschen, denen das Durchstöbern kleiner Antiquitätenläden auf der Suche nach echtfriesischen Raritäten tausendmal mehr gibt als eitle Selbstdarstellung an überfüllten Stränden, auch wenn sich das vermeintliche Schnäppchen als raffinierte Fälschung herausstellen sollte.

Rantum

Rantum wird oft einfach übersehen. Manche sagen, es sei weder Fisch noch Fleisch. Oberflächlich gesehen färbt das wohl auf die Bewohner ab, aber es gibt viele Sylt-Fans, die genug inneres Profil besitzen, um auf äußerliche Schickis vollkommen verzichten zu können. Die findet man vor allem in Rantum. Rantum-Fans haben mit Sicherheit keine Profilneurosen, die sie nach außen tragen müßten.

Hörnum

Wer das Meer und das Abenteuer der Seefahrt liebt, der ist in Hörnum zu fin-

den. Hörnum ist noch heute das alte Seeräubernest anzumerken. Hörnum-Fans sind sehr gesellig. Sie lieben den Körperkontakt und haben einen Hang zu derbem Humor. Sie trinken gerne einen über den Durst, und wenn sie alkoholisiert sind, können sie auf mehr oder weniger nette Art ausfallend werden. In Extremfällen stürzen sie dann in den Hafen und müssen herausgefischt werden. Alles in allem benehmen sich Hörnum-Fans bei entsprechenden Anlässen häufig wie Seeräuber auf Landgang. Und das macht ihnen enormen Spaß.

Wovon ein Sylt-Fan träumt

Dreimal einen Sechser

Natürlich hängen Sylt-Fans mehr oder weniger heimlichen Träumen nach. So gibt es wohl keinen, der nicht von einem gemütlichen, reetgedeckten Häuschen direkt in den Dünen am Meer träumt, vom knisternden Kaminfeuer und Grog im Winter und von der Terrassenparty mit Rosenblätter-Bowle im Sommer. Solche Träume sind angesichts der herrschenden Boden- und Hauspreise aber geradezu größenwahnsinnig. Ein Quadratmeter Sylter Boden kann schließlich locker seine 10.000 DM kosten. Trotzdem könnte es rein theoretisch vorkommen, dreimal hintereinander einen Sechser im Lotto zu erzielen, was ungefähr einem Haus- oder Grundstückserwerb an der Sylter Küste gleichkäme.

Da erscheinen jene Träume, in denen sich Sylt-Fans als Sylter Bademeister und Rettungsschwimmer wiedersehen, doch weitaus realistischer. Braungebrannt mit sonnengebleichtem Toupet auf aquadynamischer Brust, die empfindliche Nase in Zinksalbe eingelegt, ein blitzweißes Tennishöschen übergezwängt, dazu den prestigeträchtigen DLRG-Aufnäher und die silberne Trillerpfeife am schweißtriefenden Lederbändsel, so etwa hat man sich einen Sylter Rettungsschwimmer in den kühnsten Träumen vorzustellen.

Seine Souveränität und Kaltblütigkeit lassen andere zu ihm aufblicken. Er stürzt sich nicht einfach kopflos in die Fluten, sobald ein Hilfeschrei ertönt, weil jemand in die Mühlen der Brandung geraten ist. Während sich am Strand dilettantische Hektik verbreitet, wird er in aller Ruhe seinen Drink kaltstellen, wird sich seiner Trockendienstkleidung entledigen und seine DLRG-

Rettungsschwimmerkappe überstreifen, die einzig sichtbare Legitimation im Einsatz. Er wird, lediglich mit schwarzem Acryl-Slip und besagter Dienstkappe bekleidet, schließlich von seinem Turm herunter in die Fluten steigen, um vor gebanntem Publikum im fairen Ringen den Naturelementen ein fast sicher als verloren geltendes Leben abzutrotzen. Wenn er dann in seinen muskulösen Armen die soeben errettete Schönheit auf den sicheren Strand trägt und sie nach seinem salzigen Lebensrettungskuß die wasserblauen Augen aufschlägt und dankbar die Arme um seinen Hals schlingt, geht ein ehrfürchtiges Raunen durch die umstehenden Menschenmassen, doch er winkt nur lässig ab und geht wieder seinen Pflichten nach, als sei nichts gewesen.

Der Inselkoller

Sylt-Kollera

Der sogenannte Inselkoller tritt in zwei grundsätzlich verschiedenen Formen auf: in der unangenehmen Form äußert er sich in einem Gefühl der Enge und Beklemmtheit, so als würde man wie ein Legehuhn in einer vollgepferchten Legebatterie auf den Feierabend warten. Ein Gedanke beherrscht dabei alles: „Ich will weg hier!“ Die Ursache für solche Fluchttendenzen liegen selten in der Insel selbst. Vielmehr ereignen sich im Vorfeld häufig persönliche Katastrophen – eine gestohlene Brieftasche, ein riskantes Spiel beim Roulett oder ein unvernünftiges Liebesabenteuer – die zum vorzeitigen Verlassen der Insel Anlaß geben. Auf Sylt findet sich dazu nur selten ein Anlaß, selbst wenn, dann reicht dieser in der Regel nicht aus, um Sylt-Fans zur Abreise zu bewegen.

Die zweite Form ist auf Sylt viel häufiger anzutreffen: Die Symptome dieser Koller-Art äußern sich gewöhnlich im allmählichen Verlust des Zeitgefühls. Uhrzeiten, Tageszeiten und Tage verschwimmen in der Wahrnehmung unbemerkt zu einem Einheitsbrei. Immer häufiger muß der Betroffene erst mühselig nachrechnen, um welchen Wochentag es sich gerade handelt. Die Sylter-Kollera ist mit einem Urlaubs-Alzheimer zu vergleichen, der dazu führt, daß die Befallenen allmählich jeden konkreten Bezug zu Ort und Zeit verlieren und sich schließlich in einem Zustand des Freizeitnirwanas befinden, in dem sie jenseits aller irdischen Befangenheit in höheren Sphären operieren. Die Tage vergehen ohne Übergänge, das Leben wird zu einem breiten Zeitstrom, auf dem sich der Sylt-Fan ohne jede Furcht vor Schiffbruch dahintreiben läßt. Der

Tagesablauf nimmt derweil unmerklich einen Ritualcharakter an, der Ähnlichkeit zum Lebensrhythmus mittelalterlicher Mönche besitzt: das Schlendern über die Promenade und das Glas Sekt nach dem ersten Bad ist genauso fest im Ablauf ritualisiert wie der allabendliche Besuch des Stammlokals mit dem Flirt an der Theke und den Kopfschmerztabletten am nächsten Morgen. Die Sylter-Kollera führt schließlich zum kompletten Verlust über Raum und Zeit. Wenn nicht die unruhigen Angehörigen und das leere Konto der Hausbank wären, gäbe es für den Sylt-Fan keinen vernünftigen Grund, diesen Zustand zu beenden. Hilfe findet er jedenfalls nur von außen.

Das kleine Sylt-ABC

Abessinien

Der FKK-Strand zu Füßen des Roten Kliffs zwischen Wenningstedt und Kampen erhielt seinen Namen nach der Strandung eines Schiffes im Jahre 1935. Man hatte damals fälschlich angenommen, die Ladung der „Adrar" bestünde aus Waffen für Abessinien.

Biikebrennen

Ursprünglich ein heidnisches Friesenfest. Am 21. Februar lodern große Feuer zur Vertreibung des Winters. Früher wurden mit diesem Fest die ausfahrenden Walfänger verabschiedet.

Buhne 16

In den wilden Sylter Sechzigern der wichtigste In-Place der gesamten Insel. Die vielzitierten Reichen und Schönen kamen sich an diesem Kampener FKK-Strand bei Schampus näher und feierten wilde Feste, über die dann ausführlich in der Boulevardpresse berichtet wurde.

Camaro

Nein, nicht die drittklassige Zuhälterschleuder, mit der sich manchmal einige Hamburger an den Strönwai verirren! Alexander Camaro war ein Universalkünstler (Tänzer, Musiker, Maler, Dichter und Artist) aus Breslau, der bis zu seinem Tode im Jahr 1992 auf Sylt lebte. Wichtigstes Motiv seiner Malereiarbeiten war selbstredend Sylt.

Dünen

Absolut typisch für Sylt. Knapp die Hälfte der Inselfläche besteht aus Dünen, die bis zu 50 Meter hoch sind.

Eierwerfen

Hat nichts mit FKK zu tun, sondern ist ein traditioneller Sylter Osterbrauch.

Die Kinder versuchen bei einem Wettbewerb hartgekochte Eier möglichst weit zu werfen, ohne dabei die Schale in Mitleidenschaft zu ziehen. Trost der Verlierer: Schon während der Veranstaltung können sie sich am Brunch sattessen.

Friesennerz

Früher war Ölzeug in knallgelb der absolute Hit bei den Touris. Heute ist es etwas aus der Mode gekommen und von Goretex abgelöst worden.

Grönlandfahrt

Im 17. und 18. Jahrhundert waren die Ausfahrten zum Robbenschlag und Walfang die Haupteinnahmequelle der Sylter Bevölkerung.

Hans, der Blanke

Der Blanke Hans ist nicht der Star von Buhne 16, wie Syltneulinge vielleicht vermuten könnten, sondern so nennen die Friesen das Meer. Just war die Schubkarre erfunden und dank deren Einsatz ein Deich erbaut worden, schon riskierte der nordfriesische Oberdeichgraf eine dicke Lippe. Er rief auf dem Deiche stehend mit geballter Faust über die Nordsee: „Trutz, Blanke Hans!“. Das hätte er lieber bleibenlassen sollen, denn die Antwort kam wenige Tage später: die sogenannte Zweite Mandränke oder Buchardiflut von 1634. Bilanz: An 44 Stellen brachen die Deiche. Die große Insel Strand wurde vom Meer in mehrere kleinere Inseln zerfetzt. Für 19 Dörfer hieß es auf ewig Land unter, 6400 Menschen ertranken.

Hindenburgdamm

Der Namensgeber dieses 11,2 Kilometer langen Eisenbahndammes zwischen Sylt und dem Festland war bei dessen Einweihung am 1. Juni 1927 persönlich anwesend. Fast eine halbe Million Autos werden jährlich mit dem Autozug auf die Insel gebracht. Die Begeisterung darüber hält sich in Grenzen.

Inselkoller

Tritt hauptsächlich in trüben Wintermonaten auf und löst heftige Depressionen und Fluchtwünsche aus. Das Fazit nach der Flucht zurück in die Großstadt sieht jedoch meist so aus, daß man es dort noch viel weniger zum Aushalten findet und sich deshalb sofort auf die Insel zurücksehnt.

Klöntür

Die typische Friesenhaustür, bei der sich die obere Hälfte zum gemütlichen Klönschnack öffnen läßt, während die untere Hälfte geschlossen bleibt. Früher sollte damit das Vieh an der Flucht gehindert werden, heute hält die untere Türhälfte unternehmungslustige Dackel und Kleinkinder zurück oder verbirgt dezent grobe Nachlässigkeiten der Unterleibsgarderobe.

Kupferkanne

Eines der originellsten Sylter Cafés. Ein umgebauter Flakbunker aus dem Zweiten Weltkrieg, aus dessen Cafégarten man zum nicht ganz billigen Pflaumenkuchen kostenlos einen unvergleichlichen Ausblick über das Wattenmeer genießen kann.

Meeresleuchten

Ein mystisch wirkendes Naturereignis in lauen Sommernächten, wenn sich Massen von Meeresleuchttierchen zusammentun und jeden Fußabdruck im feuchten Sand an der Wasserlinie sekundenlang leuchten lassen oder schwimmende Körper mit einer magisch leuchtenden Aura umgeben. In einigen Fällen leider nur die Auswirkung überzogenen Rauschmittelkonsums.

Ozonloch

Die Radionachrichten verkünden mit größter Selbstverständlichkeit, daß man sich nur zwanzig Minuten in die Sonne wagen dürfe und Personen mit empfindlicher Haut wäre angeraten, sich nur im Ganzkörpersonnenkondom aus ihrem abgedunkelten Keller herauszutrauen. Sylturlauber lassen sich davon nicht abschrecken, denn erstens hat man sich bereits ein wenig vorgebräunt, zweitens cremt man sich mehr als gründlich ein, und drittens fährt man ja nicht in den Sylturlaub, um sich tagsüber wie ein Vampir vor den Sonnenstrahlen zu verstecken. Sonnenmilch mit zweistelligem Schutzfaktor soll das Gewissen beruhigen. In stillen Stunden verrenkt man sich dann doch vor dem Badezimmerspiegel. Der Leberfleck unter dem linken Schulterblatt, ist der nicht neu? Und sieht der nicht irgendwie komisch aus?

Petritag

Der 22. Februar ist der Tag nach dem Bike-Brennen und ist dem Schutzheiligen der Fischer geweiht. Früher einmal sind an diesem Tag die Walfänger ausgefahren, heute haben die Sylter Kinder an diesem Tag schulfrei.

Quallen

Gerade wenn es am heißesten ist, liegen die Urlauber zuweilen hilflos am Strand, verklebt von Lichtschutzfaktor 20, eigenem Schweiß, verschütteter Light-Limo und zusätzlich paniert mit feinem Sand. An den Duschen bilden sich lange Schlangen, nur ins Wasser traut sich niemand. Warum? Keine Haie tummeln sich im Wasser, sondern die vor allem bei Ostwinden in Massen auftretenden Kompaßquallen, wegen der eindeutigen Wirkung ihrer Nesselzellen auch Feuerquallen genannt.

Reizklima

So bezeichnen Bioklimatologen das Meeresklima. Das Sylter Reizklima ist sozusagen der Mercedes unter den Reizklimaten. Alle Körperfunktionen werden beschleunigt, der Stoffwechsel kommt ins Rotieren. Häufigste Nebenwirkungen: Bleierne Müdigkeit und Bärenhunger.

Samoa

Von Abessinien bis nach Samoa ist es auf Sylt nur ein Katzensprung, so wird nämlich der FKK-Strand südlich von Rantum genannt. Angeblich wurde der Parkplatz an diesem Strandabschnitt einmal von einem Seefahrer gepachtet, der irgendwann auch mal in Samoa gewesen war.

Sansibar

Wer die Nase von Samoa vollhat, der findet wenige Kilometer weiter südlich zwischen Rantum und Hörnum den FKK-Strand Sansibar. Eine Holzhütte in unmittelbarer Strandnähe beherbergt ein gleichnamiges Restaurant. Ein sehr beliebter Szenetreff.

Strandkorb

Angeblich eine Erfindung aus Warnemünde, aber der älteste Beleg für einen Strandkorb an Nord- und Ostsee stammt aus Sylt: Ein Photo von 1877 vom Herrenbad von Westerland. Der erste Korb war noch ein Einsitzer. Seine Funktion: Windschutz für den Bademeister. Nicht jeder Sylt-Fan steht auf Strandkörbe, aber besonders bei starkem Wind möchten einige dieses Strandmöbel nicht missen. Die kippbare Rückenlehne des Strandkorbes erlaubt im Verein mit der Windschutzmarkise eine differenziert dosierbare Exposition gegenüber den Wirkkräften der Natur. Außerdem läßt sich der Strandkorb insgesamt drehen, um dem Lauf der Sonne zu folgen oder ihm zu entfliehen, wobei man sich mit Leichtigkeit einen hartnäckigen Hexenschuß zuziehen kann.

Trecker

Nicht das Lieblingsgefährt der letzten verbliebenen Landwirte auf Sylt, sondern eine gefährliche Unterwasserströmung, die den Schwimmer gnadenlos ins Meer zieht. Tritt bei auflandigen Winden an der dem Wind zugewandten Seite von Buhnen auf.

Wanderdüne

Von Natur aus sind alle Dünen eigentlich Wanderdünen. Erst der Mensch macht die Dünen seßhaft, indem er sie mit Strandhafer bepflanzt. Im Listland gönnt man den Dünen noch den Auslauf, die große Wanderdüne im Listland ist gut zu Fuß und legt jährlich ihre drei bis fünf Meter zurück.

Zugvögel

Einige Vogelarten legen für ihren Sylturlaub 14.000 Kilometer zurück. Damit sich die weite Reise lohnt, wird tüchtig im Watt schnabuliert. Ein Knuttschwarm (durchschnittlich 10.000 Vögel) verspeist beispielsweise während einer Tide ungefähr 200.000 Muscheln. In den drei Wochen Sylturlaub verdoppeln diese Vögel ihr Gewicht. Menschliche Touristen können da nicht mithalten. Das Sylter Vogeljahr hat ganzjährige Saison. Im Juli, wenn die Menschen auf der Insel die letzten Hüllen fallen lassen, beginnt auch bei den meisten Vogelarten die Mauser.

Die Nachbehandlung

Sand in der Wohnung

Irgendwann ist jeder Syltaufenthalt zu Ende, es sei denn, Sie haben sich für den konsequenten Daueraufenthalt entschieden. Die meisten Sylt-Fans müssen jedoch früher oder später Abschied nehmen und lernen, sich wieder in den Alltag einzufügen. Dieser Rehabilitationsprozeß bereitet gerade den Sylt-Fans immer wieder große Probleme. Die ersten Tage nach der Rückkehr können Sie an regelrechten Entzugserscheinungen leiden. Windähnliches Ohrensausen, leichte Gleichgewichtsprobleme beim Anblick des Kontostandes und der ständige Drang an die frische Luft sind übliche Anzeichen der Anpassungsschwierigkeiten.

Hier einige Tips, wie Sie sich Ihre Wiedereingliederung in den Alltag erleichtern und den Sylturlaub harmonisch ausklingen lassen können:

- Baden Sie regelmäßig in Salzlauge
- Achten Sie darauf, daß Sie das Haus angezogen verlassen
- Installieren Sie Ventilatoren in Zimmern, Fluren und auf Balkonen
- Streuen Sie feinen Sand in der Wohnung aus
- Lassen Sie Ihre Leberwerte kontrollieren und nachstellen
- Lassen Sie Möwenschreie von einer Vogelstimmenkassette abspielen
- Stellen Sie sich ab und zu in Ölzeug unter die Dusche
- Kurbeln Sie in der Waschstraße sämtliche Scheiben herunter
- Trinken Sie statt Kaffee lieber Grog, Pharisäer oder Irish Coffee
- Streuen Sie sich Sand in die Schuhe, wenn Sie morgens zur Arbeit gehen
- Vermeiden Sie bis zum Erhalt des Weihnachtsgeldes jeden persönlichen Kontakt zu Ihrer Bank

Autorenporträts

Die Autoren Dr. Frank Eller (Psychologe, Jahrgang 1952) und Jens Weidemann (Soziologe, Jahrgang 1959) haben sich über ihre Tätigkeit am Institut für Psychologie der Universität Kiel kennengelernt.

©Ein gemeinsames Interesse für das charakteristische Verhalten und die gemeinsamen Einstellungen von sozialen Gruppierungen führte bald zu einer intensiven Zusammenarbeit und Materialsammlung.

Da die Autoren bald feststellten, daß sich subtile sozialpsychologische Phänomene mit formalisierter Wissenschaftssprache nicht annähernd so anschaulich und lebensnah beschreiben lassen wie in einem unterhaltsamen Kontext, entschlossen sie sich kurzerhand, ihre Erkenntnisse künftig in amüsanten Büchern widerzugeben.

Neben der Unterhaltung enthalten ihre inzwischen zahlreichen Buchveröffentlichungen stets viele Körnchen Wahrheit und machen dem Publikum deshalb nicht nur Spaß, sondern vermitteln darüber hinaus auch einige Selbsterkenntnisse und heitere Aha-Erlebnisse.

Verlag Walter Podszun
D-59929 Brilon, Bahnhofstraße 9
Abbildungen Art-Fotoarchiv
Herbert Schleich, Brilon und
Archiv Podszun-Verlag
Herstellung Druckhaus Cramer, Greven
ISBN 3-86133-148-9